TANTE NICOLE

PIERROT-ROBINSON

Douze compositions de **JEAN GEOFFROY**

PARIS

LIBRAIRIE CH. DELAGRAVE

RUE SOUFFLOT, 15

PIERROT-ROBINSON

COULOMMIERS

Imprimerie PAUL BRODARD.

TANTE NICOLE

PIERROT-ROBINSON

DOUZE COMPOSITIONS DE **JEAN GEOFFROY**

PARIS

LIBRAIRIE CH. DELAGRAVE

15, RUE SOUFFLOT, 15

LE TOUR
DU
MONDE

I

Pierrot a lu le « Tour du monde ».

Il y a appris que la terre était très grande, bien plus grande qu'il ne le croyait.

Il y a appris qu'il y avait des pays où il faisait toujours chaud et des pays où il faisait toujours froid.

Des pays où il y avait des fleurs toute l'année; des pays où il poussait des oranges, des fraises, et bien d'autres fruits dont il ne connaît pas seulement le nom, depuis le premier janvier jusqu'à la Saint-Sylvestre.

Pierrot aime beaucoup les fraises et les oranges; il aimerait à s'en régaler toute l'année, et il aimerait aussi à goûter à ces fruits dont il ne connaît pas même le nom.

Mais les pays où poussent ces fruits sont très, très loin, et, pour y arriver, il faut traverser la mer.

Pierrot a bien vu aussi dans le « Tour du Monde » que, quand on traverse la mer, on est exposé à faire naufrage.

Que quelquefois, le bateau sur lequel on se trouve est renversé sens dessus dessous par une baleine.

Mais Pierrot est très brave : il n'a pas peur !

Et puis il aime tant les fraises et les oranges, et il voudrait tant goûter à ces fruits dont il ne connaît pas même le nom !

C'est décidé, lui aussi fera le tour du monde pour aller en chercher.

Le voilà préparant son voyage et mesurant sur le globe, qui représente la terre, la distance qu'il y a des Batignolles, où il habite, au pays où mûrissent ces fruits succulents.

Le chat fait son ronron habituel.

Il veut dire :

« Quelle drôle d'idée de vous en aller, petit maître : il fait si bon ici ! »

GD

II

Le chat a eu beau faire « ronron » pour tâcher de décider Pierrot à rester avec lui au coin du feu, Pierrot ne l'écoute pas.

Il tient absolument à faire le tour du monde.

Pour économiser les frais de voyage, il imagine de se cacher dans un navire qui est prêt à partir pour l'Amérique.

Il se blottit entre des barils de vin, des sacs de farine, des caisses de chandelle, des ballots de laine, des balles de café.

Il n'est pas le seul à avoir cherché un refuge en cet endroit.

Une multitude de petites créatures moustachues, à longue queue pelée, en ont fait autant.

Elles occupaient même la place avant lui et elles trouvent très mauvais que ce petit bonhomme enfariné s'y soit établi.

« Qu'est-ce qu'il vient faire ici? disent-elles. Est-ce qu'il compte se régaler, lui aussi, de farine avariée, de lard rance, de chandelle et de toutes les friandises délicieuses qu'on trouve en cet endroit?

« Ah! mais ça ne se passera pas comme ça! nous saurons bien le forcer à déguerpir. »

Pierrot ne demanderait pas mieux que de « déguerpir ».
Il n'aime pas du tout la société des rats et des souris;

Mais il n'est plus temps de retourner à la maison.

Le navire est parti ; il se balance sur l'eau.

Il se balance même si bien que le cœur de Pierrot « se balance » aussi.

Il a ce qu'on appelle le mal de mer et…! et…!

Il n'a pourtant goûté ni au fromage avarié, ni au lard rance, ni autres délicieuses friandises que contiennent les caisses, barils et ballots qui l'entourent…

Et pendant ce temps le capitaine, armé de sa longue-vue, contemple les étoiles et leur demande la route qu'il faut suivre.

III

Pendant bien des jours et bien des nuits, pendant bien des semaines et bien des mois, le bateau a navigué sur la mer.

Pierrot a quitté la société des rats et des souris; il est monté sur le pont, avec les matelots et les passagers.

Il est enchanté d'être parti et de ne pas avoir écouté les « ronrons » de Minet qui lui conseillaient de rester à la maison.

Et le bateau file, file toujours, et le soleil se lève chaque matin dans un ciel rose que Pierrot ne voit pas souvent, car il se lève trop tard pour cela.

Et il se couche tous les soirs dans un ciel d'or, qui fait la mer toute d'or aussi.

Mais, un matin, de gros nuages se montrent; le vent se met à souffler, à siffler, à hurler.

Les vagues grossissent; elles se heurtent avec fracas; il s'y forme de gros paquets d'écume blanche.

Elles deviennent de plus en plus énormes; elles montent à l'assaut du navire; elles escaladent le pont qui se trouve balayé par l'eau.

Pierrot a bien peur — et vraiment presque tous ceux qui sont sur le bâtiment ont peur aussi.

Il saisit un mât et s'y accroche pour ne pas être enlevé par les vagues.

Mais la tempête redouble; le ciel devient de plus en plus noir; le vent siffle et rugit de plus en plus fort.

Tout à coup, Pierrot entend un craquement formidable; il fait un plongeon et se trouve au fond de l'eau, en compagnie des poissons, des homards, des pieuvres qui se réjouissent à la pensée de se régaler d'un petit Pierrot imprudent.

Ah! comme il regrette en ce moment, le pauvre Pierrot, de n'avoir pas suivi le conseil de Minet!

Lui, Minet est toujours là-bas, au coin du feu, occupé à faire « ronron. »

Et la lune qui le regarde, le pauvre Pierrot, et qui a l'air de se moquer de lui!

ENTRÉE INT

IV

Pierrot a fait un plongeon : il est allé au fond, tout au fond de la mer !

Par bonheur il est revenu au-dessus, toujours accroché à son mât.

Et le mât a flotté sur l'eau, et, poussé par le vent, il a atteint la terre.

Pierrot, à demi-mort, est jeté sur le sable.

Il a commencé par pousser un : Ouf! de satisfaction, puis il a remercié le bon Dieu.

Quand il est un peu reposé, il se met en route pour trouver une auberge où il puisse se faire servir à manger, car il a grand'faim, et où il puisse trouver un lit, car il a grand sommeil.

Mais il a beau marcher, il ne rencontre pas le plus petit village ni la moindre auberge, et il est obligé de se contenter des fruits qu'il trouve et qui, heureusement, sont excellents.

Pour dormir, il faut qu'il s'étende sur le sable qui, heureusement aussi, est très doux.

Le lendemain, il reprend ses pérégrinations; mais, pas plus que la veille, il ne découvre ni ville, ni village, ni auberge, ni maison d'aucune sorte.

Il ne rencontre même ni homme, ni femme, ni enfant.

C'est que l'endroit où il a abordé est une île, c'est-à-dire une portion de terre entourée d'eau de tous côtés, et que cette île est déserte, c'est-à-dire, inhabitée.

Que va devenir le pauvre Pierrot?

Par bonheur, c'est un garçon qui ne se décourage pas facilement.

« Puisqu'il n'y a ici, se dit-il, ni ville, ni village, je n'irai pas y demeurer; et puisqu'il n'y a pas de maison, je m'en construirai une. »

Armé d'une scie et d'une hache qu'il a trouvées sur le bateau naufragé, il se met à la besogne.

Il scie des poutres dans des troncs d'arbre pour soutenir sa maison; ensuite il taillera une porte, une fenêtre.

Plus tard il se fabriquera un lit, une table, une chaise, une armoire.

Il se ferait même une bibliothèque, s'il avait des livres à y mettre; et un coffre-fort s'il avait de l'argent à y serrer

V

Pierrot s'est donc bâti une maison; il l'a meublée d'une chaise et d'une table qu'il a faites lui-même.

Maintenant il faut mettre quelque chose sur la table.

Et qu'est-ce qu'on pose sur celle de votre maman quand vient l'heure du dîner?

On y pose la soupière.

Et pour remplir la soupière, ne faut-il pas faire de la soupe?

C'est ce que se dit Pierrot, et il met le « pot-au-feu. »

D'abord, il fiche trois bâtons en terre comme il a vu faire aux soldats.

Puis il va chercher des branches sèches; il les allume : les voilà qui flambent.

Il remplit d'eau la marmite qu'il a trouvée dans le vaisseau naufragé.

Il y met... Ce qu'il y met, je ne sais pas trop : je ne vois pas dedans.

Il n'a pas grand'chose à y mettre, le pauvre Pierrot.

Je crois pourtant que son pot-au-feu sera meilleur que celui dont Michel vous a parlé et qu'il a vu faire au Châtelet; vous rappelez-vous?

Il me semble qu'il y a fourré un vieux perroquet, et c'est sans doute pour cela que Coco est si furieux.

Il se dit peut-être que, lui aussi, un jour ou l'autre, on le fourra dans le « pot-au-feu. »

Mais il n'y a pas de danger : Coco est un ami !

N'importe ! de rage, il arrache le bonnet de son maître, ce beau bonnet qui lui a donné tant de mal à confectionner.

Sans s'occuper de la colère de Coco, Pierrot accroche sa marmite au-dessus du feu.

Voilà l'eau qui commence à bouillir, en faisant glou-glou-glou !

Pierrot est ravi. Il va donc pouvoir manger la soupe !
Il en fait une culbute de joie.

Dom Pourceau et M. Sapajou, que Pierrot a invités à venir demeurer avec lui, dans sa jolie maison, se réjouissent aussi.

Enfin ! Ils vont savoir ce que c'est que ce fameux « pot-au-feu » dont ils ont entendu parler si souvent !

VI

Il fait bien chaud dans l'île de Robinson.

Oh! qu'il y fait chaud! Plus chaud encore qu'ici au mois de juillet et d'août.

Pierrot n'a pas de grand chapeau pour l'abriter du soleil.

Jocko non plus; mais il s'est fait un parasol avec une grande feuille de latanier.

Pierrot pourrait en faire autant; seulement, une feuille, c'est bien fragile.

Il en préférerait un en taffetas.

S'il était à Paris, il courrait au Louvre ou au Bon Marché, et il en trouverait de toutes les tailles, de toutes les couleurs et de tous les prix.

Par malheur, dans son île, il n'y a pas de succursales du Bon Marché ni du Louvre.

Pas le plus petit magasin de nouveautés : pas le plus petit marchand de parapluies.

Eh bien! il se fabriquera un parasol à lui tout seul!

Le voilà à la besogne; il ne s'y prend pas mal vraiment!

Pourtant je ne suis pas sûre que son en-cas soit aussi bien fait qu'un en-cas acheté au Louvre ou au Bon Marché, ni au même que celui figuré sur l'image.

Ah dame! c'était le premier qu'il faisait!

N'importe! bien ou mal réussi, Pierrot est enchanté de son ouvrage.

Je le serais de même si j'étais à sa place.

Maintenant qu'il est devenu très habile de l'aiguille, il pourra se confectionner des habits chauds.

Quand viendra l'hiver il aurait froid avec sa veste et sa culotte de toile blanche.

Si vous étiez, comme Pierrot, abandonnés dans une île déserte, sauriez-vous, comme lui, vous fabriquer des habits et un joli parasol?

N
O   E
S

VII

Pierrot a pris une grande résolution : il va faire le tour de son île !

Le voilà qui se met en route.

Il a emporté son beau parasol pour se garantir du soleil, et il a mis son habit de fourrure pour se garantir du froid.

Quand on part en voyage on ne sait jamais le temps qu'il fera !

Il a suspendu sa gourde à son épaule et il y a suspendu aussi un autre instrument....

Qu'est-ce que c'est que cet instrument-là ?

C'est..... un fusil : le fusil de Pierrot Robinson ; un fusil..... à eau.

S'il rencontre des ennemis :

Pffff !....

Au lieu de leur envoyer une balle, il leur enverra une douche.

Il marche très gaillardement, notre ami Pierrot.

Tout à coup, il s'arrête !...

Son superbe chapeau, son chapeau pointu, son chapeau girouette se dresse tout seul au-dessus de sa tête.

Pierrot ouvre la bouche pour pousser un cri : il n'en sort pas le moindre son.

L'épouvante lui a coupé la voix.

Qu'est-ce donc qui cause la terreur du pauvre Pierrot?

Rien, ou du moins presque rien : seulement la marque d'un pied sur le sable.

La marque d'un pied, est-ce donc si effrayant?

Tous les jours sur la terre, sur le sable, sur la neige, on peut voir des marques de pieds; qui songe à en avoir peur?

Pourquoi donc Pierrot montre-t-il tant de frayeur?

C'est que, jusque-là, Pierrot se croyait tout seul dans son île.

Maintenant il voit qu'il a un compagnon.

Ce serait bien agréable pour lui d'avoir un compagnon, de ne plus vivre tout seul?

Mais comment est-il ce compagnon? Est-il gentil? Ne l'est-il pas?

Est-il complaisant? Est-il taquin?

Est-il bon? Est-il méchant?

Voilà ce que se demande Pierrot et ce qui fait qu'il a l'air si ahuri.

VIII

Pierrot s'est un peu remis de la frayeur que lui a causée la vue de la marque d'un pied sur le sable.

Il continue son voyage autour de son île.

Il traverse une forêt dont les arbres ont l'air d'aller jusqu'aux nuages et qui est toute remplie d'oiseaux.

Il y a des colibris qui font « tirit tirit » sur son passage.

Il y a des paons qui promènent leurs belles queues moirées de vert et de bleu sur le gazon.

Il y a des perroquets perchés çà et là; des perroquets aux mille couleurs, qui le regardent gravement passer en faisant Crrrô! crrrô! crrrô!

Pierrot les admire, et leur fait à tous un petit signe d'amitié.

Mais voilà bien autre chose! Qu'a-t-il donc aperçu, là, au pied de cet arbre?

Des fraises! des fraises rouges et mûres à point.

Oh! comme elles sont bonnes! et fraîches, et juteuses, et parfumées!

Pierrot se régale... comme vous vous régaleriez vous-mêmes si vous étiez à sa place.

Car, vous aussi, n'est-ce pas? vous aimez les fraises.....

Pierrot a terminé son voyage; il est rentré chez lui; il est en train de se reposer de ses fatigues. Tout à coup il entend un grand bruit.

Qu'est-ce donc?

Il sort de sa maison et pousse un cri d'épouvante.

Est-ce qu'il a encore vu la marque d'un pied?

Ah! c'est bien autre chose! Une douzaine d'hommes noirs ont embroché un malheureux prisonnier et s'apprêtent à le faire cuire pour le manger.

Vite le fusil à eau!

Et Pierrot s'en sert si bien que tous les hommes noirs se sauvent... à l'exception de celui qui était à la broche et que Pierrot s'empresse de débrocher.

IX

Pierrot, vous vous le rappelez, s'était empressé de délivrer le pauvre noir que les méchants sauvages s'apprêtaient à mettre à la broche.

Il n'était que temps : cinq minutes encore et il eût été à moitié rôti !

Pierrot était tout joyeux de ce qu'il avait fait.

Quand on a accompli une bonne action, on est toujours joyeux.

Mais le petit noir était encore plus joyeux que lui.

Pensez ! quand on a manqué d'être rôti et mangé !

Il se jeta aux pieds de Robinson pour le remercier.

Probablement il lui dit :

« Merci, merci, bon petit blanc ! merci de m'avoir sauvé de ces méchants qui voulaient me faire cuire pour leur souper ; merci, merci, petit blanc, joli ! »

Mais comme il lui dit tout cela en langage nègre, le « petit blanc » n'y comprend rien du tout.

Pierrot-Robinson a donc maintenant un compagnon, un ami, un camarade avec lequel il pourra jouer et qui pourra aussi travailler avec lui.

Il veut d'abord lui donner un nom.

Un nom bien joli.

Il passe en revue tout le calendrier.

L'appellera-t-il Médard?

Oh non! cela ferait pleuvoir!

L'appellera-t-il Roch?

Oh non! il n'a pas de chien.

L'appellera-t-il Sylvestre?

Oh non! il arriverait toujours le dernier.

Il a un nom beaucoup plus beau que tous ceux-là; un nom tout neuf; un nom qui n'a encore été porté par personne.

Le petit noir est arrivé dans son île le cinquième jour de la semaine, le vendredi : il l'appellera Vendredi!

Que dites-vous de ce nom-là? N'est-ce pas un joli nom, un nom qui n'est pas commun et connaissez-vous quelqu'un qui le porte?

A B C E
F G H

X

Pierrot a amené Vendredi chez lui, dans la jolie maison qu'il s'est faite avec des branches d'arbres.

Il a formé un grand projet, Pierrot.

Il ne veut pas que Vendredi reste toujours ignorant et il va lui apprendre à lire.

Il a mis ses lunettes, posé sur sa tête son grand bonnet pointu, s'est armé de son bâton blanc et il commence la leçon.

Mais la tête noire et crépue du pauvre Vendredi est très dure.

Pierrot a beau lui dire A A A.

Vendredi ne sait pas ce que cela signifie.

« A A A, croasse Coco, perché sur le bord du tableau noir ; c'est donc difficile de dire : A A A. »

Et il se balance de droite et de gauche, et il ricane et il se moque du pauvre Vendredi, et il fait tant de bruit qu'on croirait qu'il y a une douzaine de perroquets dans la chambre.

« Ne vous moquez pas tant, monsieur Coco ; vous n'êtes pas beaucoup plus savant que Vendredi. »

Et Pierrot reprend en tirant l'oreille de son élève : A A A.

— Aïe ! aïe ! aïe ! fait l'élève.

— A la bonne heure ! » dit le maître qui a entendu A A A !

Et la leçon continue.

Seulement quand Pierrot épèle b-a-ba, b-a-ba, *baba*.

Vendredi répond : *gâteau*.

Quand Pierrot épèle b-é-bé, b-é-bé, *bébé*.

Vendredi répond : *Petit noir*.

Quand il épèle d-a-da, d-a-da, *dada*.

Vendredi répond : *cheval*.

Quand il épèle m-i-mi, m-i-mi, *mimi*.

Vendredi répond : *Petit chat*.

Quand il épèle l-o-lo, l-o-lo, *lolo*.

Vendredi répond : *J'ai soif*.

Je ne sais pas s'il parviendra jamais à apprendre à lire.

XII

Pierrot a donc résolu de quitter son île.

Il a construit, avec l'aide de Vendredi, un joli bateau dans lequel ils s'embarquent tous les deux.

Pierrot n'a eu garde d'oublier son chapeau girouette et son beau parapluie; il a mis le chapeau sur sa tête comme bonnet de voyage, et Vendredi tient le parapluie sous son bras.

N'est-il pas gentil, le petit noir, avec son chapeau de jockey de bonne maison?

Il est très content de lui; s'il se voyait dans une glace, il le serait encore bien davantage.

Pendant bien des jours, bien des nuits; sous le soleil, sous les étoiles, le bateau a glissé sur la mer.

Enfin on est arrivé. Pierrot est dans le ravissement et Vendredi dans l'ahurissement.

Il n'aurait jamais cru, le pauvre petit noir, qu'il y eût dans le monde tant de gens qu'il en voit rassemblés dans le port.

Voilà Pierrot débarqué; aussitôt il s'élance vers papa Pierrot et tous les petits Pierrots qui sont venus au-devant de lui.

Maman Pierrot est restée à la maison avec le petit dernier.

Et ce sont des poignées de main, des embrassades à n'en plus finir.

Pierrot est bien content de revoir son papa, sa maman, ses frères et ses sœurs.

Son papa, sa maman, ses frères et ses sœurs sont bien contents de revoir Pierrot.

Et ils font connaissance avec le petit noir que Pierrot leur présente comme son meilleur ami.

Alors tous viennent l'embrasser et Vendredi est si content de voir tant de Pierrots qu'il rit de toutes ses dents blanches en montrant le blanc de ses yeux.

Il n'a plus du tout envie de retourner dans son île. Pierrot non plus.

Tante Nicole.

Coulommiers. — Imp. P. BRODARD. — 841-1908.